Renate Sültz & Uwe H. Sültz

Angeltagebuch

Fangbuch

BoD - Books on Demand

Norderstedt 2018

Bibliografische Information durch die Deutsche Nationalbibliothek

Die Deutsche Nationalbibliothek verzeichnet diese Publikation in der Deutschen Nationalbibliografie; detaillierte bibliografische Daten sind im Internet über http://dnb.dnb.de abrufbar.

© 2018 Renate Sültz & Uwe H. Sültz

Herstellung und Verlag: BoD – Books on Demand, Norderstedt

ISBN 9-78375-2-81629-7

Angler: _____

Daten: _____

_____

_____

_____

_____

Ausrüstung: _____

_____

_____

_____

_____

_____

_____

_____

_____

_____

_____

_____

_____

_____

_____

_____

_____

_____

Datum: _____ Uhrzeit: _____

Angler: _____

Fischart: _____

Geschlecht: _____ Größe: _____

Gewicht: _____ Anzahl: _____

Gewässer: _____

Stelle: _____ Position: _____

Platz: _____ Wasserstand: _____

Wassertrübung: _____

Wassertemperatur: _____

Luftdruck: _____

Temperatur: _____

Wetter:

Mondphase: _____

Angel: _____ Köder: _____

Angeltiefe: _____ Notizen:

Datum: _____ Uhrzeit: _____

Angler: _____

Fischart: _____

Geschlecht: _____ Größe: _____

Gewicht: _____ Anzahl: _____

Gewässer: _____

Stelle: _____ Position: _____

Platz: _____ Wasserstand: _____

Wassertrübung: _____

Wassertemperatur: _____

Luftdruck: _____

Temperatur: _____

Wetter:

Mondphase: _____

Angel: _____ Köder: _____

Angeltiefe: _____ Notizen:

_____

_____

_____

_____

_____

_____

Datum: _____ Uhrzeit: _____
Angler: _____

Fischart: _____
Geschlecht: _____ Größe: _____
Gewicht: _____ Anzahl: _____

Gewässer: _____
Stelle: _____ Position: _____
Platz: _____ Wasserstand: _____
Wassertrübung: _____
Wassertemperatur: _____

Luftdruck: _____
Temperatur: _____

Wetter:

Mondphase: _____
Angel: _____ Köder: _____
Angeltiefe: _____ Notizen:

_____
_____
_____
_____
_____
_____

Datum: _____ Uhrzeit: _____
Angler: _____

Fischart: _____
Geschlecht: _____ Größe: _____
Gewicht: _____ Anzahl: _____

Gewässer: _____
Stelle: _____ Position: _____
Platz: _____ Wasserstand: _____
Wassertrübung: _____
Wassertemperatur: _____

Luftdruck: _____
Temperatur: _____
Wetter:

Mondphase: _____
Angel: _____ Köder: _____
Angeltiefe: _____ Notizen:

_____
_____
_____
_____
_____

Datum: _____ Uhrzeit: _____

Angler: _____

Fischart: _____

Geschlecht: _____ Größe: _____

Gewicht: _____ Anzahl: _____

Gewässer: _____

Stelle: _____ Position: _____

Platz: _____ Wasserstand: _____

Wassertrübung: _____

Wassertemperatur: _____

Luftdruck: _____

Temperatur: _____

Wetter:

Mondphase: _____

Angel: _____ Köder: _____

Angeltiefe: _____ Notizen:

Datum: _____ Uhrzeit: _____
Angler: _____

Fischart: _____
Geschlecht: _____ Größe: _____
Gewicht: _____ Anzahl: _____

Gewässer: _____
Stelle: _____ Position: _____
Platz: _____ Wasserstand: _____
Wassertrübung: _____
Wassertemperatur: _____

Luftdruck: _____
Temperatur: _____
Wetter:

Mondphase: _____
Angel: _____ Köder: _____
Angeltiefe: _____ Notizen:

_____
_____
_____
_____
_____

Datum: _____ Uhrzeit: _____

Angler: _____

Fischart: _____

Geschlecht: _____ Größe: _____

Gewicht: _____ Anzahl: _____

Gewässer: _____

Stelle: _____ Position: _____

Platz: _____ Wasserstand: _____

Wassertrübung: _____

Wassertemperatur: _____

Luftdruck: _____

Temperatur: _____

Wetter:

Mondphase: _____

Angel: _____ Köder: _____

Angeltiefe: _____ Notizen:

Datum: _____ Uhrzeit: _____

Angler: _____

Fischart: _____

Geschlecht: _____ Größe: _____

Gewicht: _____ Anzahl: _____

Gewässer: _____

Stelle: _____ Position: _____

Platz: _____ Wasserstand: _____

Wassertrübung: _____

Wassertemperatur: _____

Luftdruck: _____

Temperatur: _____

Wetter:

Mondphase: _____

Angel: _____ Köder: _____

Angeltiefe: _____ Notizen:

_____

_____

_____

_____

_____

Datum: _____ Uhrzeit: _____

Angler: _____

Fischart: _____

Geschlecht: _____ Größe: _____

Gewicht: _____ Anzahl: _____

Gewässer: _____

Stelle: _____ Position: _____

Platz: _____ Wasserstand: _____

Wassertrübung: _____

Wassertemperatur: _____

Luftdruck: _____

Temperatur: _____

Wetter:

Mondphase: _____

Angel: _____ Köder: _____

Angeltiefe: _____ Notizen:

Datum: _____ Uhrzeit: _____

Angler: _____

Fischart: _____

Geschlecht: _____ Größe: _____

Gewicht: _____ Anzahl: _____

Gewässer: _____

Stelle: _____ Position: _____

Platz: _____ Wasserstand: _____

Wassertrübung: _____

Wassertemperatur: _____

Luftdruck: _____

Temperatur: _____

Wetter:

Mondphase: _____

Angel: _____ Köder: _____

Angeltiefe: _____ Notizen:

Datum: _____ Uhrzeit: _____
Angler: _____

Fischart: _____
Geschlecht: _____ Größe: _____
Gewicht: _____ Anzahl: _____

Gewässer: _____
Stelle: _____ Position: _____
Platz: _____ Wasserstand: _____
Wassertrübung: _____
Wassertemperatur: _____

Luftdruck: _____
Temperatur: _____

Wetter:

Mondphase: _____
Angel: _____ Köder: _____
Angeltiefe: _____ Notizen:

Datum: _____ Uhrzeit: _____

Angler: _____

Fischart: _____

Geschlecht: _____ Größe: _____

Gewicht: _____ Anzahl: _____

Gewässer: _____

Stelle: _____ Position: _____

Platz: _____ Wasserstand: _____

Wassertrübung: _____

Wassertemperatur: _____

Luftdruck: _____

Temperatur: _____

Wetter:

Mondphase: _____

Angel: _____ Köder: _____

Angeltiefe: _____ Notizen:

_____

_____

_____

_____

_____

Datum: _____ Uhrzeit: _____

Angler: _____

Fischart: _____

Geschlecht: _____ Größe: _____

Gewicht: _____ Anzahl: _____

Gewässer: _____

Stelle: _____ Position: _____

Platz: _____ Wasserstand: _____

Wassertrübung: _____

Wassertemperatur: _____

Luftdruck: _____

Temperatur: _____

Wetter:

Mondphase: _____

Angel: _____ Köder: _____

Angeltiefe: _____ Notizen:

Datum: _____ Uhrzeit: _____
Angler: _____

Fischart: _____
Geschlecht: _____ Größe: _____
Gewicht: _____ Anzahl: _____

Gewässer: _____
Stelle: _____ Position: _____
Platz: _____ Wasserstand: _____
Wassertrübung: _____
Wassertemperatur: _____

Luftdruck: _____
Temperatur: _____
Wetter:

Mondphase: _____
Angel: _____ Köder: _____
Angeltiefe: _____ Notizen:

Datum: _____ Uhrzeit: _____

Angler: _____

Fischart: _____

Geschlecht: _____ Größe: _____

Gewicht: _____ Anzahl: _____

Gewässer: _____

Stelle: _____ Position: _____

Platz: _____ Wasserstand: _____

Wassertrübung: _____

Wassertemperatur: _____

Luftdruck: _____

Temperatur: _____

Wetter:

Mondphase: _____

Angel: _____ Köder: _____

Angeltiefe: _____ Notizen:

Datum: _____ Uhrzeit: _____

Angler: _____

Fischart: _____

Geschlecht: _____ Größe: _____

Gewicht: _____ Anzahl: _____

Gewässer: _____

Stelle: _____ Position: _____

Platz: _____ Wasserstand: _____

Wassertrübung: _____

Wassertemperatur: _____

Luftdruck: _____

Temperatur: _____

Wetter:

Mondphase: _____

Angel: _____ Köder: _____

Angeltiefe: _____ Notizen:

Datum: _____ Uhrzeit: _____

Angler: _____

Fischart: _____

Geschlecht: _____ Größe: _____

Gewicht: _____ Anzahl: _____

Gewässer: _____

Stelle: _____ Position: _____

Platz: _____ Wasserstand: _____

Wassertrübung: _____

Wassertemperatur: _____

Luftdruck: _____

Temperatur: _____

Wetter:

Mondphase: _____

Angel: _____ Köder: _____

Angeltiefe: _____ Notizen:

Datum: _____ Uhrzeit: _____

Angler: _____

Fischart: _____

Geschlecht: _____ Größe: _____

Gewicht: _____ Anzahl: _____

Gewässer: _____

Stelle: _____ Position: _____

Platz: _____ Wasserstand: _____

Wassertrübung: _____

Wassertemperatur: _____

Luftdruck: _____

Temperatur: _____

Wetter:

Mondphase: _____

Angel: _____ Köder: _____

Angeltiefe: _____ Notizen:

_____
_____
_____
_____
_____
_____

Datum: _____ Uhrzeit: _____
Angler: _____

Fischart: _____
Geschlecht: _____ Größe: _____
Gewicht: _____ Anzahl: _____

Gewässer: _____
Stelle: _____ Position: _____
Platz: _____ Wasserstand: _____
Wassertrübung: _____
Wassertemperatur: _____

Luftdruck: _____
Temperatur: _____
Wetter:

Mondphase: _____
Angel: _____ Köder: _____
Angeltiefe: _____ Notizen:

_____
_____
_____
_____
_____

Datum: _____ Uhrzeit: _____

Angler: _____

Fischart: _____

Geschlecht: _____ Größe: _____

Gewicht: _____ Anzahl: _____

Gewässer: _____

Stelle: _____ Position: _____

Platz: _____ Wasserstand: _____

Wassertrübung: _____

Wassertemperatur: _____

Luftdruck: _____

Temperatur: _____

Wetter:

Mondphase: _____

Angel: _____ Köder: _____

Angeltiefe: _____ Notizen:

Datum: _____ Uhrzeit: _____
Angler: _____

Fischart: _____
Geschlecht: _____ Größe: _____
Gewicht: _____ Anzahl: _____

Gewässer: _____
Stelle: _____ Position: _____
Platz: _____ Wasserstand: _____
Wassertrübung: _____
Wassertemperatur: _____

Luftdruck: _____
Temperatur: _____
Wetter:

Mondphase: _____
Angel: _____ Köder: _____
Angeltiefe: _____ Notizen:

Datum: _____ Uhrzeit: _____

Angler: _____

Fischart: _____

Geschlecht: _____ Größe: _____

Gewicht: _____ Anzahl: _____

Gewässer: _____

Stelle: _____ Position: _____

Platz: _____ Wasserstand: _____

Wassertrübung: _____

Wassertemperatur: _____

Luftdruck: _____

Temperatur: _____

Wetter:

Mondphase: _____

Angel: _____ Köder: _____

Angeltiefe: _____ Notizen:

Datum: _____ Uhrzeit: _____

Angler: _____

Fischart: _____

Geschlecht: _____ Größe: _____

Gewicht: _____ Anzahl: _____

Gewässer: _____

Stelle: _____ Position: _____

Platz: _____ Wasserstand: _____

Wassertrübung: _____

Wassertemperatur: _____

Luftdruck: _____

Temperatur: _____

Wetter:

Mondphase: _____

Angel: _____ Köder: _____

Angeltiefe: _____ Notizen:

Datum: _____ Uhrzeit: _____

Angler: _____

Fischart: _____

Geschlecht: _____ Größe: _____

Gewicht: _____ Anzahl: _____

Gewässer: _____

Stelle: _____ Position: _____

Platz: _____ Wasserstand: _____

Wassertrübung: _____

Wassertemperatur: _____

Luftdruck: _____

Temperatur: _____

Wetter:

Mondphase: _____

Angel: _____ Köder: _____

Angeltiefe: _____ Notizen:

_____

_____

_____

_____

_____

Datum: _____ Uhrzeit: _____
Angler: _____

Fischart: _____
Geschlecht: _____ Größe: _____
Gewicht: _____ Anzahl: _____

Gewässer: _____
Stelle: _____ Position: _____
Platz: _____ Wasserstand: _____
Wassertrübung: _____
Wassertemperatur: _____

Luftdruck: _____
Temperatur: _____
Wetter:

Mondphase: _____
Angel: _____ Köder: _____
Angeltiefe: _____ Notizen:

Datum: _____ Uhrzeit: _____

Angler: _____

Fischart: _____

Geschlecht: _____ Größe: _____

Gewicht: _____ Anzahl: _____

Gewässer: _____

Stelle: _____ Position: _____

Platz: _____ Wasserstand: _____

Wassertrübung: _____

Wassertemperatur: _____

Luftdruck: _____

Temperatur: _____

Wetter:

Mondphase: _____

Angel: _____ Köder: _____

Angeltiefe: _____ Notizen:

Datum: _____ Uhrzeit: _____
Angler: _____

Fischart: _____
Geschlecht: _____ Größe: _____
Gewicht: _____ Anzahl: _____

Gewässer: _____
Stelle: _____ Position: _____
Platz: _____ Wasserstand: _____
Wassertrübung: _____
Wassertemperatur: _____

Luftdruck: _____
Temperatur: _____

Wetter:

Mondphase: _____
Angel: _____ Köder: _____
Angeltiefe: _____ Notizen:

Datum: _____ Uhrzeit: _____
Angler: _____

Fischart: _____
Geschlecht: _____ Größe: _____
Gewicht: _____ Anzahl: _____

Gewässer: _____
Stelle: _____ Position: _____
Platz: _____ Wasserstand: _____
Wassertrübung: _____
Wassertemperatur: _____

Luftdruck: _____
Temperatur: _____
Wetter:

Mondphase: _____
Angel: _____ Köder: _____
Angeltiefe: _____ Notizen:

Datum: _____ Uhrzeit: _____

Angler: _____

Fischart: _____

Geschlecht: _____ Größe: _____

Gewicht: _____ Anzahl: _____

Gewässer: _____

Stelle: _____ Position: _____

Platz: _____ Wasserstand: _____

Wassertrübung: _____

Wassertemperatur: _____

Luftdruck: _____

Temperatur: _____

Wetter:

Mondphase: _____

Angel: _____ Köder: _____

Angeltiefe: _____ Notizen:

Datum: _____ Uhrzeit: _____
Angler: _____

Fischart: _____
Geschlecht: _____ Größe: _____
Gewicht: _____ Anzahl: _____

Gewässer: _____
Stelle: _____ Position: _____
Platz: _____ Wasserstand: _____
Wassertrübung: _____
Wassertemperatur: _____

Luftdruck: _____
Temperatur: _____
Wetter:

Mondphase: _____
Angel: _____ Köder: _____
Angeltiefe: _____ Notizen:

_____
_____
_____
_____
_____
_____

Datum: _____ Uhrzeit: _____
Angler: _____

Fischart: _____
Geschlecht: _____ Größe: _____
Gewicht: _____ Anzahl: _____

Gewässer: _____
Stelle: _____ Position: _____
Platz: _____ Wasserstand: _____
Wassertrübung: _____
Wassertemperatur: _____

Luftdruck: _____
Temperatur: _____
Wetter:

Mondphase: _____
Angel: _____ Köder: _____
Angeltiefe: _____ Notizen:

_____
_____
_____
_____
_____

Datum: _____ Uhrzeit: _____

Angler: _____

Fischart: _____

Geschlecht: _____ Größe: _____

Gewicht: _____ Anzahl: _____

Gewässer: _____

Stelle: _____ Position: _____

Platz: _____ Wasserstand: _____

Wassertrübung: _____

Wassertemperatur: _____

Luftdruck: _____

Temperatur: _____

Wetter:

Mondphase: _____

Angel: _____ Köder: _____

Angeltiefe: _____ Notizen:

Datum: _____ Uhrzeit: _____
Angler: _____

Fischart: _____
Geschlecht: _____ Größe: _____
Gewicht: _____ Anzahl: _____

Gewässer: _____
Stelle: _____ Position: _____
Platz: _____ Wasserstand: _____
Wassertrübung: _____
Wassertemperatur: _____

Luftdruck: _____
Temperatur: _____
Wetter:

Mondphase: _____
Angel: _____ Köder: _____
Angeltiefe: _____ Notizen:

Datum: _____ Uhrzeit: _____

Angler: _____

Fischart: _____

Geschlecht: _____ Größe: _____

Gewicht: _____ Anzahl: _____

Gewässer: _____

Stelle: _____ Position: _____

Platz: _____ Wasserstand: _____

Wassertrübung: _____

Wassertemperatur: _____

Luftdruck: _____

Temperatur: _____

Wetter:

Mondphase: _____

Angel: _____ Köder: _____

Angeltiefe: _____ Notizen:

Datum: _____ Uhrzeit: _____
Angler: _____

Fischart: _____
Geschlecht: _____ Größe: _____
Gewicht: _____ Anzahl: _____

Gewässer: _____
Stelle: _____ Position: _____
Platz: _____ Wasserstand: _____
Wassertrübung: _____
Wassertemperatur: _____

Luftdruck: _____
Temperatur: _____
Wetter:

Mondphase: _____
Angel: _____ Köder: _____
Angeltiefe: _____ Notizen:

_____
_____
_____
_____
_____
_____

Datum: _____ Uhrzeit: _____

Angler: _____

Fischart: _____

Geschlecht: _____ Größe: _____

Gewicht: _____ Anzahl: _____

Gewässer: _____

Stelle: _____ Position: _____

Platz: _____ Wasserstand: _____

Wassertrübung: _____

Wassertemperatur: _____

Luftdruck: _____

Temperatur: _____

Wetter:

Mondphase: _____

Angel: _____ Köder: _____

Angeltiefe: _____ Notizen:

Datum: _____ Uhrzeit: _____
Angler: _____

Fischart: _____
Geschlecht: _____ Größe: _____
Gewicht: _____ Anzahl: _____

Gewässer: _____
Stelle: _____ Position: _____
Platz: _____ Wasserstand: _____
Wassertrübung: _____
Wassertemperatur: _____

Luftdruck: _____
Temperatur: _____
Wetter:

Mondphase: _____
Angel: _____ Köder: _____
Angeltiefe: _____ Notizen:

_____
_____
_____
_____
_____

Datum: _____ Uhrzeit: _____
Angler: _____

Fischart: _____
Geschlecht: _____ Größe: _____
Gewicht: _____ Anzahl: _____

Gewässer: _____
Stelle: _____ Position: _____
Platz: _____ Wasserstand: _____
Wassertrübung: _____
Wassertemperatur: _____

Luftdruck: _____
Temperatur: _____
Wetter:

Mondphase: _____
Angel: _____ Köder: _____
Angeltiefe: _____ Notizen:

_____
_____
_____
_____
_____

Datum: _____ Uhrzeit: _____

Angler: _____

Fischart: _____

Geschlecht: _____ Größe: _____

Gewicht: _____ Anzahl: _____

Gewässer: _____

Stelle: _____ Position: _____

Platz: _____ Wasserstand: _____

Wassertrübung: _____

Wassertemperatur: _____

Luftdruck: _____

Temperatur: _____

Wetter:

Mondphase: _____

Angel: _____ Köder: _____

Angeltiefe: _____ Notizen:

Datum: _____ Uhrzeit: _____

Angler: _____

Fischart: _____

Geschlecht: _____ Größe: _____

Gewicht: _____ Anzahl: _____

Gewässer: _____

Stelle: _____ Position: _____

Platz: _____ Wasserstand: _____

Wassertrübung: _____

Wassertemperatur: _____

Luftdruck: _____

Temperatur: _____

Wetter:

Mondphase: _____

Angel: _____ Köder: _____

Angeltiefe: _____ Notizen:

Datum: _____ Uhrzeit: _____

Angler: _____

Fischart: _____

Geschlecht: _____ Größe: _____

Gewicht: _____ Anzahl: _____

Gewässer: _____

Stelle: _____ Position: _____

Platz: _____ Wasserstand: _____

Wassertrübung: _____

Wassertemperatur: _____

Luftdruck: _____

Temperatur: _____

Wetter:

Mondphase: _____

Angel: _____ Köder: _____

Angeltiefe: _____ Notizen:

_____

_____

_____

_____

_____

Datum: _____ Uhrzeit: _____
Angler: _____

Fischart: _____
Geschlecht: _____ Größe: _____
Gewicht: _____ Anzahl: _____

Gewässer: _____
Stelle: _____ Position: _____
Platz: _____ Wasserstand: _____
Wassertrübung: _____
Wassertemperatur: _____

Luftdruck: _____
Temperatur: _____
Wetter:

Mondphase: _____
Angel: _____ Köder: _____
Angeltiefe: _____ Notizen:

_____
_____
_____
_____
_____

Datum: _____ Uhrzeit: _____
Angler: _____

Fischart: _____
Geschlecht: _____ Größe: _____
Gewicht: _____ Anzahl: _____

Gewässer: _____
Stelle: _____ Position: _____
Platz: _____ Wasserstand: _____
Wassertrübung: _____
Wassertemperatur: _____

Luftdruck: _____
Temperatur: _____
Wetter:

Mondphase: _____
Angel: _____ Köder: _____
Angeltiefe: _____ Notizen:

Datum: _____ Uhrzeit: _____

Angler: _____

Fischart: _____

Geschlecht: _____ Größe: _____

Gewicht: _____ Anzahl: _____

Gewässer: _____

Stelle: _____ Position: _____

Platz: _____ Wasserstand: _____

Wassertrübung: _____

Wassertemperatur: _____

Luftdruck: _____

Temperatur: _____

Wetter:

Mondphase: _____

Angel: _____ Köder: _____

Angeltiefe: _____ Notizen:

Datum: _____ Uhrzeit: _____
Angler: _____

Fischart: _____
Geschlecht: _____ Größe: _____
Gewicht: _____ Anzahl: _____

Gewässer: _____
Stelle: _____ Position: _____
Platz: _____ Wasserstand: _____
Wassertrübung: _____
Wassertemperatur: _____

Luftdruck: _____
Temperatur: _____
Wetter:

Mondphase: _____
Angel: _____ Köder: _____
Angeltiefe: _____ Notizen:

Datum: _____ Uhrzeit: _____
Angler: _____

Fischart: _____
Geschlecht: _____ Größe: _____
Gewicht: _____ Anzahl: _____

Gewässer: _____
Stelle: _____ Position: _____
Platz: _____ Wasserstand: _____
Wassertrübung: _____
Wassertemperatur: _____

Luftdruck: _____
Temperatur: _____
Wetter:

Mondphase: _____
Angel: _____ Köder: _____
Angeltiefe: _____ Notizen:

Datum: _____ Uhrzeit: _____
Angler: _____

Fischart: _____
Geschlecht: _____ Größe: _____
Gewicht: _____ Anzahl: _____

Gewässer: _____
Stelle: _____ Position: _____
Platz: _____ Wasserstand: _____
Wassertrübung: _____
Wassertemperatur: _____

Luftdruck: _____
Temperatur: _____

Wetter:

Mondphase: _____
Angel: _____ Köder: _____
Angeltiefe: _____ Notizen:

Datum: _____ Uhrzeit: _____

Angler: _____

Fischart: _____

Geschlecht: _____ Größe: _____

Gewicht: _____ Anzahl: _____

Gewässer: _____

Stelle: _____ Position: _____

Platz: _____ Wasserstand: _____

Wassertrübung: _____

Wassertemperatur: _____

Luftdruck: _____

Temperatur: _____

Wetter:

Mondphase: _____

Angel: _____ Köder: _____

Angeltiefe: _____ Notizen:

Datum: _____ Uhrzeit: _____

Angler: _____

Fischart: _____

Geschlecht: _____ Größe: _____

Gewicht: _____ Anzahl: _____

Gewässer: _____

Stelle: _____ Position: _____

Platz: _____ Wasserstand: _____

Wassertrübung: _____

Wassertemperatur: _____

Luftdruck: _____

Temperatur: _____

Wetter:

Mondphase: _____

Angel: _____ Köder: _____

Angeltiefe: _____ Notizen:

Datum: _____ Uhrzeit: _____
Angler: _____

Fischart: _____
Geschlecht: _____ Größe: _____
Gewicht: _____ Anzahl: _____

Gewässer: _____
Stelle: _____ Position: _____
Platz: _____ Wasserstand: _____
Wassertrübung: _____
Wassertemperatur: _____

Luftdruck: _____
Temperatur: _____
Wetter:

Mondphase: _____
Angel: _____ Köder: _____
Angeltiefe: _____ Notizen:

_____
_____
_____
_____
_____

Datum: _____ Uhrzeit: _____

Angler: _____

Fischart: _____

Geschlecht: _____ Größe: _____

Gewicht: _____ Anzahl: _____

Gewässer: _____

Stelle: _____ Position: _____

Platz: _____ Wasserstand: _____

Wassertrübung: _____

Wassertemperatur: _____

Luftdruck: _____

Temperatur: _____

Wetter:

Mondphase: _____

Angel: _____ Köder: _____

Angeltiefe: _____ Notizen:

Datum: _____ Uhrzeit: _____

Angler: _____

Fischart: _____

Geschlecht: _____ Größe: _____

Gewicht: _____ Anzahl: _____

Gewässer: _____

Stelle: _____ Position: _____

Platz: _____ Wasserstand: _____

Wassertrübung: _____

Wassertemperatur: _____

Luftdruck: _____

Temperatur: _____

Wetter:

Mondphase: _____

Angel: _____ Köder: _____

Angeltiefe: _____ Notizen:

Datum: _____ Uhrzeit: _____

Angler: _____

Fischart: _____

Geschlecht: _____ Größe: _____

Gewicht: _____ Anzahl: _____

Gewässer: _____

Stelle: _____ Position: _____

Platz: _____ Wasserstand: _____

Wassertrübung: _____

Wassertemperatur: _____

Luftdruck: _____

Temperatur: _____

Wetter:

Mondphase: _____

Angel: _____ Köder: _____

Angeltiefe: _____ Notizen:

Datum: _____ Uhrzeit: _____
Angler: _____

Fischart: _____
Geschlecht: _____ Größe: _____
Gewicht: _____ Anzahl: _____

Gewässer: _____
Stelle: _____ Position: _____
Platz: _____ Wasserstand: _____
Wassertrübung: _____
Wassertemperatur: _____

Luftdruck: _____
Temperatur: _____
Wetter:

Mondphase: _____
Angel: _____ Köder: _____
Angeltiefe: _____ Notizen:

_____
_____
_____
_____
_____

Datum: _____ Uhrzeit: _____

Angler: _____

Fischart: _____

Geschlecht: _____ Größe: _____

Gewicht: _____ Anzahl: _____

Gewässer: _____

Stelle: _____ Position: _____

Platz: _____ Wasserstand: _____

Wassertrübung: _____

Wassertemperatur: _____

Luftdruck: _____

Temperatur: _____

Wetter:

Mondphase: _____

Angel: _____ Köder: _____

Angeltiefe: _____ Notizen:

Datum: _____ Uhrzeit: _____
Angler: _____

Fischart: _____
Geschlecht: _____ Größe: _____
Gewicht: _____ Anzahl: _____

Gewässer: _____
Stelle: _____ Position: _____
Platz: _____ Wasserstand: _____
Wassertrübung: _____
Wassertemperatur: _____

Luftdruck: _____
Temperatur: _____
Wetter:

Mondphase: _____
Angel: _____ Köder: _____
Angeltiefe: _____ Notizen:

Datum: _____ Uhrzeit: _____

Angler: _____

Fischart: _____

Geschlecht: _____ Größe: _____

Gewicht: _____ Anzahl: _____

Gewässer: _____

Stelle: _____ Position: _____

Platz: _____ Wasserstand: _____

Wassertrübung: _____

Wassertemperatur: _____

Luftdruck: _____

Temperatur: _____

Wetter:

Mondphase: _____

Angel: _____ Köder: _____

Angeltiefe: _____ Notizen:

Datum: _____ Uhrzeit: _____

Angler: _____

Fischart: _____

Geschlecht: _____ Größe: _____

Gewicht: _____ Anzahl: _____

Gewässer: _____

Stelle: _____ Position: _____

Platz: _____ Wasserstand: _____

Wassertrübung: _____

Wassertemperatur: _____

Luftdruck: _____

Temperatur: _____

Wetter:

Mondphase: _____

Angel: _____ Köder: _____

Angeltiefe: _____ Notizen:

_____

_____

_____

_____

_____

_____

Datum: _____ Uhrzeit: _____
Angler: _____

Fischart: _____
Geschlecht: _____ Größe: _____
Gewicht: _____ Anzahl: _____

Gewässer: _____
Stelle: _____ Position: _____
Platz: _____ Wasserstand: _____
Wassertrübung: _____
Wassertemperatur: _____

Luftdruck: _____
Temperatur: _____
Wetter:

Mondphase: _____
Angel: _____ Köder: _____
Angeltiefe: _____ Notizen:

_____
_____
_____
_____
_____
_____

Datum: _____ Uhrzeit: _____

Angler: _____

Fischart: _____

Geschlecht: _____ Größe: _____

Gewicht: _____ Anzahl: _____

Gewässer: _____

Stelle: _____ Position: _____

Platz: _____ Wasserstand: _____

Wassertrübung: _____

Wassertemperatur: _____

Luftdruck: _____

Temperatur: _____

Wetter:

Mondphase: _____

Angel: _____ Köder: _____

Angeltiefe: _____ Notizen:

Datum: _____ Uhrzeit: _____

Angler: _____

Fischart: _____

Geschlecht: _____ Größe: _____

Gewicht: _____ Anzahl: _____

Gewässer: _____

Stelle: _____ Position: _____

Platz: _____ Wasserstand: _____

Wassertrübung: _____

Wassertemperatur: _____

Luftdruck: _____

Temperatur: _____

Wetter:

Mondphase: _____

Angel: _____ Köder: _____

Angeltiefe: _____ Notizen:

Datum: _____ Uhrzeit: _____

Angler: _____

Fischart: _____

Geschlecht: _____ Größe: _____

Gewicht: _____ Anzahl: _____

Gewässer: _____

Stelle: _____ Position: _____

Platz: _____ Wasserstand: _____

Wassertrübung: _____

Wassertemperatur: _____

Luftdruck: _____

Temperatur: _____

Wetter:

Mondphase: _____

Angel: _____ Köder: _____

Angeltiefe: _____ Notizen:

Datum: _____ Uhrzeit: _____

Angler: _____

Fischart: _____

Geschlecht: _____ Größe: _____

Gewicht: _____ Anzahl: _____

Gewässer: _____

Stelle: _____ Position: _____

Platz: _____ Wasserstand: _____

Wassertrübung: _____

Wassertemperatur: _____

Luftdruck: _____

Temperatur: _____

Wetter:

Mondphase: _____

Angel: _____ Köder: _____

Angeltiefe: _____ Notizen:

Datum: _____ Uhrzeit: _____
Angler: _____

Fischart: _____
Geschlecht: _____ Größe: _____
Gewicht: _____ Anzahl: _____

Gewässer: _____
Stelle: _____ Position: _____
Platz: _____ Wasserstand: _____
Wassertrübung: _____
Wassertemperatur: _____

Luftdruck: _____
Temperatur: _____
Wetter:

Mondphase: _____
Angel: _____ Köder: _____
Angeltiefe: _____ Notizen:

Datum: _____ Uhrzeit: _____
Angler: _____

Fischart: _____
Geschlecht: _____ Größe: _____
Gewicht: _____ Anzahl: _____

Gewässer: _____
Stelle: _____ Position: _____
Platz: _____ Wasserstand: _____
Wassertrübung: _____
Wassertemperatur: _____

Luftdruck: _____
Temperatur: _____

Wetter:

Mondphase: _____
Angel: _____ Köder: _____
Angeltiefe: _____ Notizen:

Datum: _____ Uhrzeit: _____

Angler: _____

Fischart: _____

Geschlecht: _____ Größe: _____

Gewicht: _____ Anzahl: _____

Gewässer: _____

Stelle: _____ Position: _____

Platz: _____ Wasserstand: _____

Wassertrübung: _____

Wassertemperatur: _____

Luftdruck: _____

Temperatur: _____

Wetter:

Mondphase: _____

Angel: _____ Köder: _____

Angeltiefe: _____ Notizen:

Datum: _____ Uhrzeit: _____

Angler: _____

Fischart: _____

Geschlecht: _____ Größe: _____

Gewicht: _____ Anzahl: _____

Gewässer: _____

Stelle: _____ Position: _____

Platz: _____ Wasserstand: _____

Wassertrübung: _____

Wassertemperatur: _____

Luftdruck: _____

Temperatur: _____

Wetter:

Mondphase: _____

Angel: _____ Köder: _____

Angeltiefe: _____ Notizen:

Datum: _____ Uhrzeit: _____
Angler: _____

Fischart: _____
Geschlecht: _____ Größe: _____
Gewicht: _____ Anzahl: _____

Gewässer: _____
Stelle: _____ Position: _____
Platz: _____ Wasserstand: _____
Wassertrübung: _____
Wassertemperatur: _____

Luftdruck: _____
Temperatur: _____
Wetter:

Mondphase: _____
Angel: _____ Köder: _____
Angeltiefe: _____ Notizen:

_____
_____
_____
_____
_____
_____

Datum: _____ Uhrzeit: _____

Angler: _____

Fischart: _____

Geschlecht: _____ Größe: _____

Gewicht: _____ Anzahl: _____

Gewässer: _____

Stelle: _____ Position: _____

Platz: _____ Wasserstand: _____

Wassertrübung: _____

Wassertemperatur: _____

Luftdruck: _____

Temperatur: _____

Wetter:

Mondphase: _____

Angel: _____ Köder: _____

Angeltiefe: _____ Notizen:

Datum: _____ Uhrzeit: _____
Angler: _____

Fischart: _____
Geschlecht: _____ Größe: _____
Gewicht: _____ Anzahl: _____

Gewässer: _____
Stelle: _____ Position: _____
Platz: _____ Wasserstand: _____
Wassertrübung: _____
Wassertemperatur: _____

Luftdruck: _____
Temperatur: _____
Wetter:

Mondphase: _____
Angel: _____ Köder: _____
Angeltiefe: _____ Notizen:

Datum: _____ Uhrzeit: _____

Angler: _____

Fischart: _____

Geschlecht: _____ Größe: _____

Gewicht: _____ Anzahl: _____

Gewässer: _____

Stelle: _____ Position: _____

Platz: _____ Wasserstand: _____

Wassertrübung: _____

Wassertemperatur: _____

Luftdruck: _____

Temperatur: _____

Wetter:

Mondphase: _____

Angel: _____ Köder: _____

Angeltiefe: _____ Notizen:

Datum: _____ Uhrzeit: _____
Angler: _____

Fischart: _____
Geschlecht: _____ Größe: _____
Gewicht: _____ Anzahl: _____

Gewässer: _____
Stelle: _____ Position: _____
Platz: _____ Wasserstand: _____
Wassertrübung: _____
Wassertemperatur: _____

Luftdruck: _____
Temperatur: _____
Wetter:

Mondphase: _____
Angel: _____ Köder: _____
Angeltiefe: _____ Notizen:

Datum: _____ Uhrzeit: _____

Angler: _____

Fischart: _____

Geschlecht: _____ Größe: _____

Gewicht: _____ Anzahl: _____

Gewässer: _____

Stelle: _____ Position: _____

Platz: _____ Wasserstand: _____

Wassertrübung: _____

Wassertemperatur: _____

Luftdruck: _____

Temperatur: _____

Wetter:

Mondphase: _____

Angel: _____ Köder: _____

Angeltiefe: _____ Notizen:

Datum: _____ Uhrzeit: _____
Angler: _____

Fischart: _____
Geschlecht: _____ Größe: _____
Gewicht: _____ Anzahl: _____

Gewässer: _____
Stelle: _____ Position: _____
Platz: _____ Wasserstand: _____
Wassertrübung: _____
Wassertemperatur: _____

Luftdruck: _____
Temperatur: _____
Wetter:

Mondphase: _____
Angel: _____ Köder: _____
Angeltiefe: _____ Notizen:

_____
_____
_____
_____
_____
_____

Datum: _____ Uhrzeit: _____
Angler: _____

Fischart: _____
Geschlecht: _____ Größe: _____
Gewicht: _____ Anzahl: _____

Gewässer: _____
Stelle: _____ Position: _____
Platz: _____ Wasserstand: _____
Wassertrübung: _____
Wassertemperatur: _____

Luftdruck: _____
Temperatur: _____
Wetter:

Mondphase: _____
Angel: _____ Köder: _____
Angeltiefe: _____ Notizen:

Datum: _____ Uhrzeit: _____

Angler: _____

Fischart: _____

Geschlecht: _____ Größe: _____

Gewicht: _____ Anzahl: _____

Gewässer: _____

Stelle: _____ Position: _____

Platz: _____ Wasserstand: _____

Wassertrübung: _____

Wassertemperatur: _____

Luftdruck: _____

Temperatur: _____

Wetter:

Mondphase: _____

Angel: _____ Köder: _____

Angeltiefe: _____ Notizen:

_____
_____
_____
_____
_____
_____

Datum: _____ Uhrzeit: _____
Angler: _____

Fischart: _____
Geschlecht: _____ Größe: _____
Gewicht: _____ Anzahl: _____

Gewässer: _____
Stelle: _____ Position: _____
Platz: _____ Wasserstand: _____
Wassertrübung: _____
Wassertemperatur: _____

Luftdruck: _____
Temperatur: _____
Wetter:

Mondphase: _____
Angel: _____ Köder: _____
Angeltiefe: _____ Notizen: